# Posición de la guitarra

La fotografía superior muestra una posición cómoda para tocar la guitarra de rock o pop.

### La mano derecha
Cuando ataques las cuerdas (al pellizcar cada una de las cuerdas de forma individual),

mantén la muñeca menos alejada de las cuerdas que al rasgar acordes.

Mantén el pulgar por delante de tus otros dedos, éstos deben estar colocados en cualquiera de las tres cuerdas inferiores como en la foto.

### La plumilla
Muchos guitarristas modernos prefieren utilizar una plumilla para atacar las cuerdas. Las plumillas tienen muchos tamaños, formas y durezas y están disponibles en cualquier tienda de música.

Empieza con una de tamaño grande y suave, si te es posible. La foto recoge la forma correcta de sujetar la plumilla.

### La mano izquierda
Utiliza la yema de los dedos para presionar las cuerdas en las posiciones descritas. Tu pulgar debe estar detrás de los dedos 1 y 2 presionando en la parte posterior del mástil.

Cuadernillo

# Diagrama de acordes

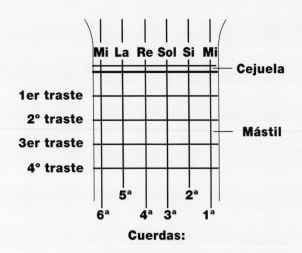

Mi La Re Sol Si Mi

Cejuela

1er traste
2º traste
3er traste
4º traste

Mástil

5ª    2ª
6ª    4ª 3ª    1ª

**Cuerdas:**

**El acorde de La**

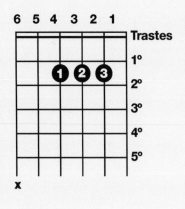

6 5 4 3 2 1

Trastes

① ② ③

1º
2º
3º
4º
5º

x

**x** = no tocar esta cuerda

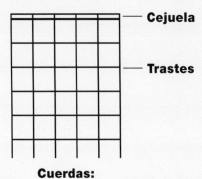

Cejuela

Trastes

**Cuerdas:**

Los diagramas de acordes son una representación del mástil de la guitarra vista con la pala hacia arriba, de frente, como aparece representada en los diagramas superiores. La doble línea horizontal en la parte superior es la cejuela, las otras líneas horizontales son los trastes. Las líneas verticales son las cuerdas comenzando por la más grave 6ª (Mi) a la izquierda y la más aguda 1ª (Mi) a la derecha.

Cualquier círculo con un número en su interior indica el dedo que debemos situar y donde. Cualquier cuerda marcada con una **x** no debe ser tocada.

Los dedos de tu mano están numerados según el diagrama inferior;

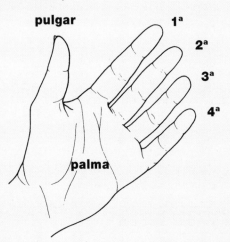

pulgar    1ª
          2ª
          3ª
          4ª

palma

Todos los acordes son acordes Mayores excepto que se indique otra cosa.

## Mano Izquierda

Sitúa los tres dedos en posición y presiona con fuerza las cuerdas. Mantén el pulgar en la zona media de la parte posterior del mástil y detrás de tus dedos 1 y 2.

## Pulgar de la mano derecha o Plumilla.

Ataca cada cuerda despacio, comienza con la 5ª (La) y desplázate hasta la 1ª (Mi).

*Si suena algún zumbido:*

Desplaza los dedos más cerca de los trastes (hacía ti), corrige el ángulo de la mano sobre el diapasón; asegúrate de que el zumbido no se produce en ninguna otra parte de la guitarra tocando las cuerdas al aire.

*Por último*, quizás tengas la uñas demasiado largas, en ese caso al pisar la cuerda no lo harás con el ángulo y la presión adecuadas. También puede que la yema o los bordes de alguno de tus dedos esté rozando alguna cuerda cercana.

Córtate las uñas para conseguir un largo adecuado y cómodo e intenta mantener los dedos lo más verticales y cercanos al diapasón que te sea posible.

Una vez que consigas el sonido sin ningún zumbido, toca el acorde unas cuantas veces retira los dedos del diapasón y repite el ejercicio hasta que consigas colocar los dedos de forma intuitiva.

# Afinando la guitarra

**Afinación**

Una afinación precisa de la guitarra resulta imprescindible y se consigue tensando o destensando las cuerdas al girar las clavijas de afinación. Resulta mejor afinar en el tono estándar (La 440) que por debajo de éste.

Por tanto, si crees que tu guitarra está afinada más alta que el tono estándar, tendrás que aflojar las cuerdas hasta alcanzar la altura deseada y afinar de nuevo.

**Afinación Relativa**

Afinar la guitarra por si misma sin la ayuda de un diapasón u otro elemento de afinación.

**Otros métodos de afinación**

Diapasón
Afinador electrónico

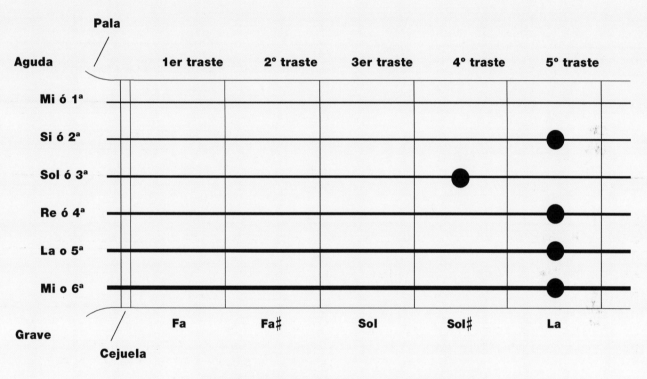

● Pisar donde se indique, una nota cada vez, siguiendo las instrucciones descritas debajo:

Ajusta la afinación de la 6ª cuerda lo más cerca posible a la nota **Mi** o al menos a la altura que te resulte cómoda (no demasiado aguda o quizás puedes romper otras cuerdas al afinar).

Después, mientras comprueba las diversas posiciones del diagrama superior, sitúa un dedo de tu mano izquierda sobre:

- El 5º traste de la 6ª cuerda y **afina la 5ª cuerda al aire** hasta alcanzar la nota (La)

- El 5º traste de la 5ª cuerda y **afina la 4ª cuerda al aire** hasta alcanzar la nota (Re)

- El 5º traste de la 4ª cuerda y **afina la 3ª cuerda al aire** hasta alcanzar la nota (Sol)

- El 4º traste de la 3ª cuerda y **afina la 2ª cuerda al aire** hasta alcanzar la nota (Si)

- El 5º traste de la 2ª cuerda y **afina la 1ª cuerda al aire** hasta alcanzar la nota (Mi)

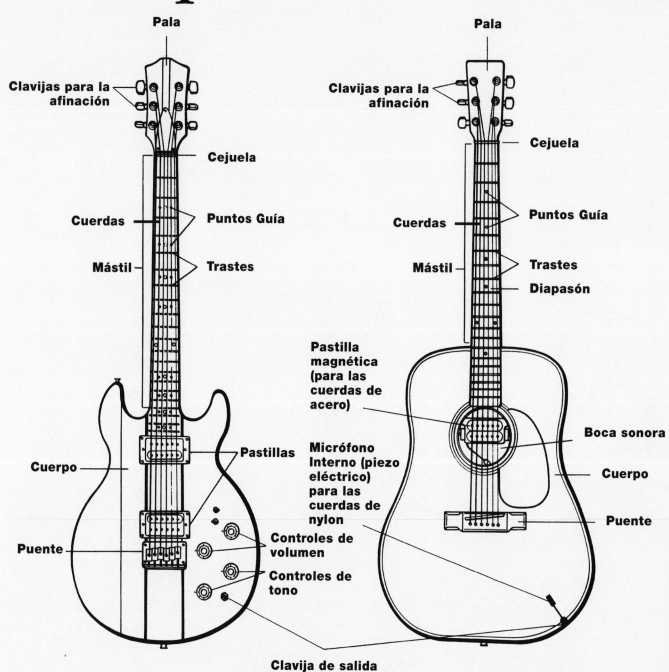

Pala

Clavijas para la afinación

Cejuela

Cuerdas

Puntos Guía

Mástil

Trastes

Pala

Clavijas para la afinación

Cejuela

Cuerdas

Puntos Guía

Mástil

Trastes

Diapasón

Pastilla magnética (para las cuerdas de acero)

Boca sonora

Pastillas

Micrófono Interno (piezo eléctrico) para las cuerdas de nylon

Cuerpo

Cuerpo

Puente

Controles de volumen

Controles de tono

Puente

Clavija de salida (al amplificador de audio)

### La guitarra

Si tienes una guitarra acústica o eléctrica, los principios para tocarla son fundamentalmente los mismos, así como los elementos que componen ambos instrumentos.

Para poder "electrificar" una guitarra acústica (como la del diagrama), se puede instalar una pastilla magnética a las guitarras de cuerdas de acero o un sistema piezo a las guitarras de cuerdas de nylon.

Si tienes dudas, consulta a tu tienda de instrumentos.

Cuadernillo

# EMPIEZA A TOCAR
# Guitarra

**AMSCO PUBLICATIONS**
London/New York/Paris/Sydney/Copenhagen/Madrid

Distribuidor exclusivo:
**Music Sales Limited**
Distribution Centre, Newmarket Road,
Bury St Edmunds, Suffolk IP33 3YB, UK.

**Music Sales Corporation**
180 Madison Avenue, 24th Floor,
New York NY10016, USA.

**Music Sales Pty Limited**
Units 3-4, 17 Willfox St,
Condell Park, NSW, 2200 Australia.

Nº de orden AM978692
ISBN 0.8256.2896.2
EAN 5020679528150
© 2004, Todos los derechos reservados de este libro por Wise Publications
www.musicsales.com

Escrito por Arthur Dick.
Fotografía y texto de la portada George Taylor.
Diseño del libro Chloë Alexander.
Modelo: Jim Benham.

Impreso en el Reino Unido.

**Tu garantía de calidad:**
Como editores, procuramos producir cada libro con los más altos
estándares comerciales. Este libro ha sido cuidadosamente diseñado para
minimizar extraños giros de páginas y para hacer que tocar con él sea un
verdadero placer.
Se ha puesto un cuidado muy especial al utilizar papel neutro libre de
ácidos fabricado con una pasta que ha sido blanqueada con cloro. Esta
pasta se produce de árboles de reservas mantenidas y ha sido elaborada
con especial cuidado de su entorno.
Toda la impresión y encuadernación ha sido planeada para asegurar una
publicación sólida y atractiva que debe darte años de disfrute. Si tu copia
no reúne estos estándares, por favor infórmanos y con gusto la
reemplazaremos por otra.

# Índice

# Introducción

Bienvenido a Empieza a tocar Guitarra. La guitarra continúa siendo uno de los instrumentos más conocidos del mundo - éste libro te guiará desde el mismo momento que saques la guitarra del estuche, hasta que toques tu primera canción completa.

**Las instrucciones de fácil**
seguimiento te enseñarán como:

• Cuidar tu guitarra
• Afinarla
• Cuidar el instrumento
• Aprender tus primeros acordes
• Tocar tu primera canción

Toca junto a las bases rítmicas cuando aprendas – las pistas de audio especialmente grabadas te permitirán escuchar como debe sonar – después intenta tocar cada parte por ti mismo.

Practica habitualmente y con regularidad, veinte minutos al día es mucho mejor que dos horas el fin de semana. No solo estás entrenando a tu cerebro para que comprenda como tocar la guitarra, también estás enseñando a tus músculos a memorizar ciertas acciones repetidas.

Al final del libro encontrarás una sección con algunos de los recursos musicales disponibles para guitarra. Te guiará hacia el estilo de música que quieras tocar – tanto si se trata de una serie didáctica fácil de comprender, frases de *rock*, *jazz* y *blues*, canciones fáciles de tocar o transcripciones de discos – hay algo para todos los gustos.

Existen dos tipos de guitarra, principalmente.

La guitarra acústica tiene un cuerpo hueco que permite que el sonido de las cuerdas vibrantes se transmita a través de la boca sonora.

La mayoría de las guitarras eléctricas tienen cuerpos sólidos, por tanto las vibraciones de la cuerda no resultan demasiado audibles, por este motivo deben ser conectadas a un amplificador. Aunque el sonido y el carácter de las guitarras acústicas y eléctricas son bastante diferentes, el principio que las hace funcionar es el mismo.

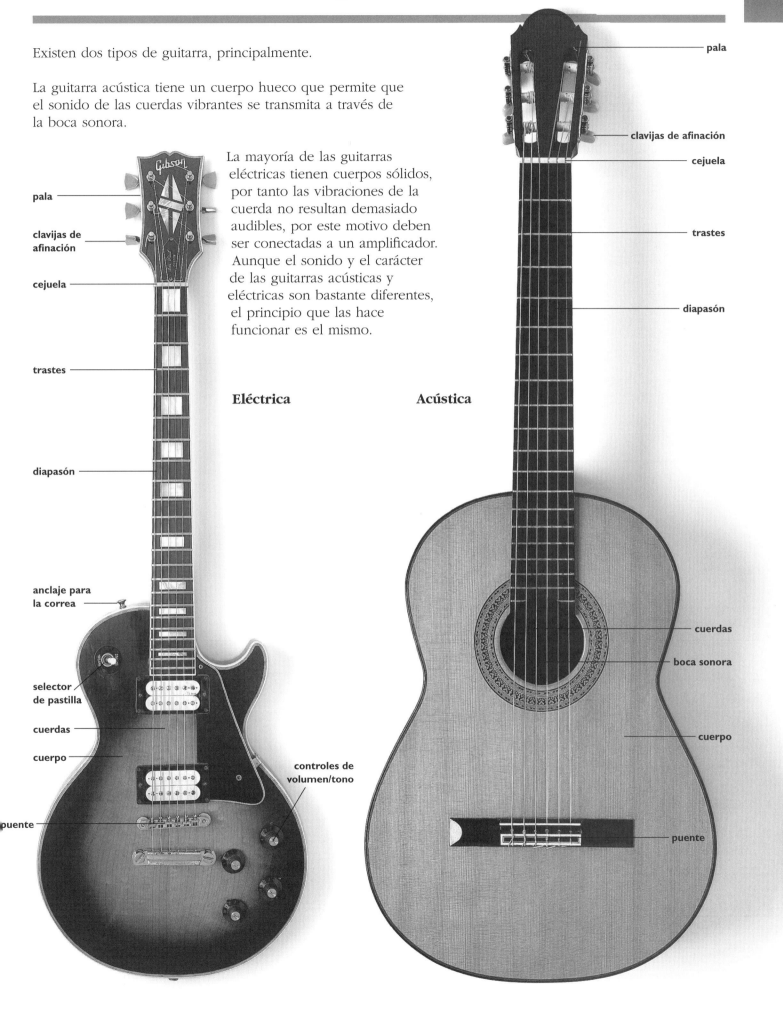

**Eléctrica**

**Acústica**

pala

clavijas de afinación

cejuela

trastes

diapasón

anclaje para la correa

selector de pastilla

cuerdas

cuerpo

puente

controles de volumen/tono

pala

clavijas de afinación

cejuela

trastes

diapasón

cuerdas

boca sonora

cuerpo

puente

# Conoce tu Guitarra

La pala (al final del diapasón) tiene seis clavijas de afinación, distribuidas tres a cada lado o seis en línea.

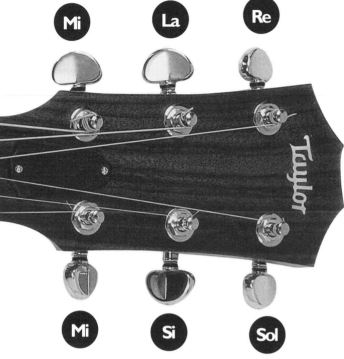

Las clavijas de afinación, consisten en una base de metal y un rodillo que tensa la cuerda.

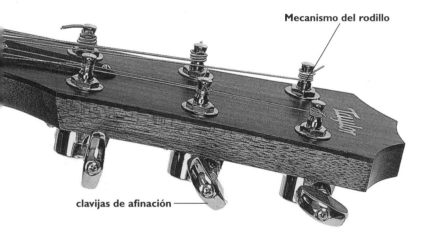

**Mecanismo del rodillo**

**clavijas de afinación**

Las cuerdas se mantienen en su sitio gracias a la cejuela cuando dejan atrás la pala.

Las cuerdas recorren el diapasón (generalmente de palorrosa o arce) el cual tienen incrustaciones de plástico o de carey para ayudarte a situarte sobre el diapasón.

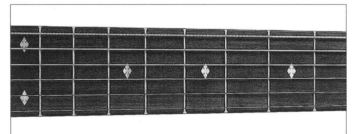

Encontramos puntos guía en el costado del mástil para conocer la posición de los trastes.

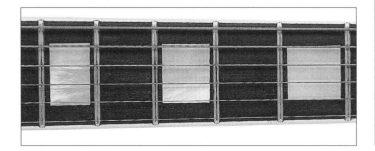

Las cuerdas se unen al cuerpo en el puente, que tiene muchas formas y tamaños dependiendo de la guitarra, pero en todos los casos actúa para alterar los armónicos y altura de las cuerdas.

El puente de una guitarra acústica está encolado fijo y por tanto no es ajustable, pero en las eléctricas se pueden realizar, generalmente, un gran número de ajustes en las cuerdas.

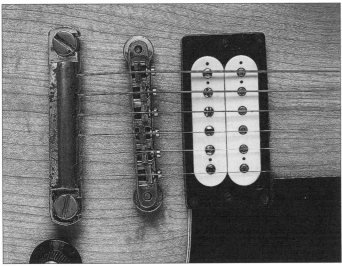

▲ **Puente – guitarra eléctrica**

▲ **Puente – guitarra acústica**

Por debajo del puente y de las cuerdas la mayoría de las eléctricas tienen controles de volumen y tono.

El selector de pastillas en una guitarra de tipo *Les Paul* está situado encima de las cuerdas, en una guitarra de tipo Fender Stratocaster se sitúa por debajo de las cuerdas.

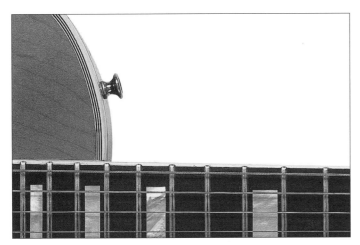

La mayoría de las eléctricas cuentan con un anclaje para correa.

### Consejo

Cuando no toques la guitarra, intenta guardarla en su estuche, alejándola del calor y de la luz directa del Sol, y retirarla de posibles golpes. Evita exponer el instrumento a temperaturas extremas.

# Cuerdas y Cosas

No hay casi nada parecido al sonido de las cuerdas nuevas en tu guitarra, pero su sonido pronto se acaba. Las cuerdas están realizadas de una aleación que se desgasta rápidamente, por eso pierden su sonido. Para alargar su vida pasa un paño por el instrumento después de tocar con él. Un paño limpio y seco de lino o seda pasado por las cuerdas las limpiará de polvo y suciedad.

Los guitarristas profesionales tienen un "técnico de guitarras" o "roadie" para cambiar las cuerdas – están pendientes durante la actuación por si se rompe una cuerda. Su trabajo es asegurarse de que todas las guitarras estén afinadas y ajustadas exactamente como el guitarrista quiere.

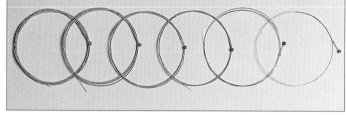

Las cuerdas varían en grosor de las más graves (más gruesas) hasta las más agudas (más delgadas). Las tres más graves están entorchadas para dar más profundidad al sonido, las tres más agudas no son entorchadas. Cuando llegue el momento de cambiar las cuerdas ten presente siempre que el calibre sea el adecuado.

El diámetro de una cuerda – su calibre – se mide en pulgadas o centímetros: cuanto más bajo sea el número más fina será la cuerda. Un juego de cuerdas de bajo calibre (0.09-0.42) será el adecuado para las guitarras eléctricas puesto que hace que los bending sean más fáciles de ejecutar. Una guitarra clásica o española está diseñada para montar cuerdas de nylon, opuestas a las de acero que pertenecen más a la guitarra acústica. Si tienes alguna duda, consulta a la tienda de instrumentos de tu localidad.

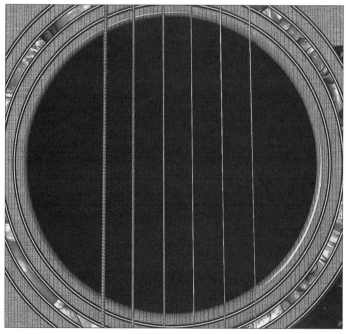

Siguiendo unas sencillas pautas te asegurarás de sentirte cómodo cuando toques.

**1** Tus brazos nunca deben cargar con el peso de la guitarra; deben de estar libres para tocar.

**2** Mantén siempre la pala apuntando ligeramente por encima de la horizontal. Nunca dejes que apunte hacia el suelo.

**3** Cuando practiques es más cómodo estar sentado. Algunos apoyan su pierna derecha sobre la izquierda y apoyan la guitarra sobre el muslo derecho, lo que eleva el instrumento ligeramente.

### Consejo

Las guitarras clásicas tienen una postura especial para tocar sentado, utilizan un pedal para elevar el pie izquierdo, con la guitarra apoyada sobre las piernas.

**4** Si estás de pie no debes estar sujetando la guitarra. Ajusta la bandolera de forma que la guitarra se sitúe a una altura adecuada y colócala de forma que el peso esté repartido por igual. Cuando retires las manos debe resultarte cómoda.

# El guitarrista eléctrico

Si tienes una guitarra eléctrica, necesitarás también un amplificador y un cable para sacar el sonido de tu instrumento. Aquí tienes una guía paso a paso para ajustar el equipo:

**1** Coloca la correa a la guitarra. Asegúrate de que esté ajustada en una altura cómoda. Una correa que te deje la guitarra colgando muy abajo es mucho más chula pero hace que sea mucho más difícil tocar – cuando tu mano derecha e izquierda estén cómodas en la guitarra esa es la altura correcta.

**2** Conecta un extremo del cable a la guitarra. En una guitarra de tipo Les Paul (como la que se muestra aquí) el enchufe está en el borde inferior del cuerpo de la guitarra. En una guitarra de tipo Fender Stratocaster la entrada se sitúa en la tapa de la guitarra bajo los controles de sonido de la guitarra.

**3** Agarra el otro extremo del cable y conéctalo a la entrada rotulada con "input" (entrada) en tu amplificador.

**4** Ajusta los controles de volumen en el amplificador y en la guitarra hasta que escuches algún sonido proviniente del amplificador.

Si no escuchas nada, asegúrate de que el amplificador está enchufado y encendido, y que el volumen de tu guitarra está abierto.

¡Ahora estás listo para tocar!

Si tienes la suerte de tener un pedal de efecto como un distorsionador o un pedal de wha ¡puedes divertirte aún más!

Los pedales de efectos recogen el sonido de la guitarra y lo modifican antes de pasarlo al amplificador. Puedes alimentarlos con pilas o un adaptador externo.

Toma el otro extremo del cable que está conectado a la guitarra e insértalo en la entrada del pedal (a veces rotulado como "instrument").

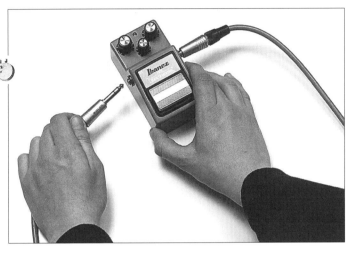

Coge otro cable, inserta un extremo de la conexión rotulado como "output" (salida) o (amplifier) y el otro extremo en la entrada del amplificador.

El pedal se activa al pisar el interruptor situado en él. Cuando el pedal no está encendido podrás seguir escuchando el sonido de la guitarra como antes - ¡cuando pisas el interruptor el sonido cambia en cuanto se conecta el efecto!

Un pedal de wha produce un efecto clásico que reconocerás instantáneamente. Puedes conectarlo de la misma forma que cualquier otro pedal de efectos, y entonces varía el sonido de tu guitarra al pisar el pedal hacia abajo o hacia arriba.

Una vez que estás conforme con el sonido de la guitarra, ¡sube el volumen y haz algo de ruido!

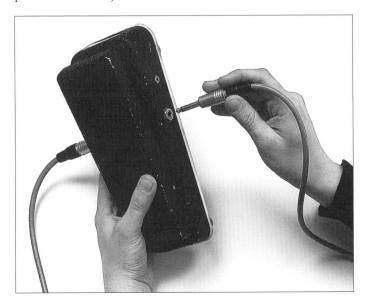

# Posición de la mano derecha

Tu mano derecha puede rasgar acordes, atacar notas aisladas o puede utilizar una plumilla. La mejor forma de comenzar es rasgar las cuerdas. Puedes utilizar una plumilla blanda, o colocar el pulgar y el primer dedo como si sujetaras una plumilla imaginaria. Apoya el antebrazo en la guitarra de forma que se mueva libremente. Acostúmbrate al tacto de la mano al rasgar las cuerdas.

### Consejo

Aquellos de vosotros que seáis zurdos,
por favor invertid las instrucciones.

Como ejercicio, comienza por rasgar las cuerdas hacia abajo desde la 6ª (la más grave) a la 1ª.

Ahora rasguea hacia abajo desde la 4ª hasta la 1ª, no toques ni la 5ª ni la 6ª.

Una vez que te sientas cómodo con el movimiento de la mano puedes probar a tocar las cuerdas con los dedos. La mano derecha adopta la siguiente posición:

**1** Apoya el antebrazo ligeramente sobre la guitarra.

**2** Arquea la muñeca de forma que tus dedos estén aproximadamente a unos 60º del dorso de la mano, entonces relaja los dedos de forma que se mantengan un poco curvados.

**3** Coloca el pulgar (p) sobre la 6ª cuerda, tu dedo índice (i) en la 3ª, tu dedo medio (m) en la 2ª y tu dedo anular (a) sobre la 1ª. Intenta asegurarte que el pulgar sigue en contacto con la cuerda unos 2,5 cm por delante de tu dedo índice.

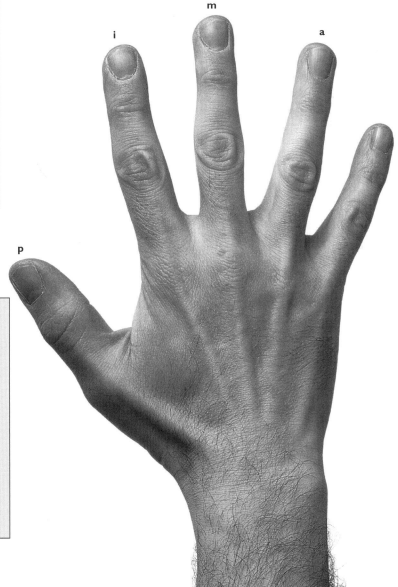

Tu técnica de mano derecha puede depender del estilo de música que hagas. Los músicos de *Folk* y *Country* tienden a rasgar (sin plumilla) (*fingerpicking*), mientras que las guitarras de *rock* tienden a utilizar la plumilla para conseguir ¡el máximo volumen! No obstante, algunos guitarristas de *rock*, como Mark Knopfler, prefieren utilizar sus dedos para crear un sonido característico.

# Sujetando la plumilla

La plumilla se sujeta entre el pulgar y el índice de la mano que ataca las cuerdas, las cuales deben de mantener los ángulos correctos entre si. Prueba con varios tamaños y grosores de plumilla para descubrir cual es el que te resulta más cómodo. Sujeta la plumilla con seguridad y no dejes que sobresalga mucho de la mano para tocar las cuerdas.

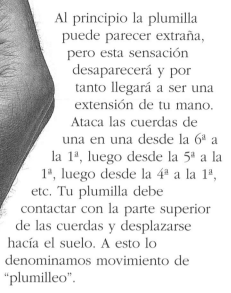

Al principio la plumilla puede parecer extraña, pero esta sensación desaparecerá y por tanto llegará a ser una extensión de tu mano. Ataca las cuerdas de una en una desde la 6ª a la 1ª, luego desde la 5ª a la 1ª, luego desde la 4ª a la 1ª, etc. Tu plumilla debe contactar con la parte superior de las cuerdas y desplazarse hacía el suelo. A esto lo denominamos movimiento de "plumilleo".

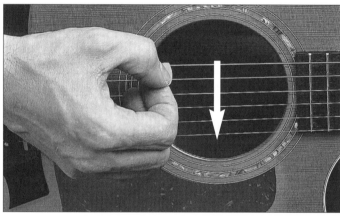

Ahora rasga las cuerdas al aire con la plumilla – no te preocupes ahora de la mano izquierda, simplemente intenta acostumbrarte a la sensación de la plumilla desplazándose por las cuerdas.

## Consejo

Tocar en directo puede ser una experiencia rompe-nervios es muy fácil que tu plumilla en mitad de la emoción y sudor de un concierto de *rock*, se caiga. Los guitarristas profesionales pegan varias plumillas en el fondo de la guitarra, o en su borde o las sitúan debajo del golpeador ¡para esos casos de emergencia!

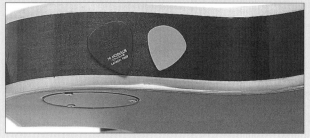

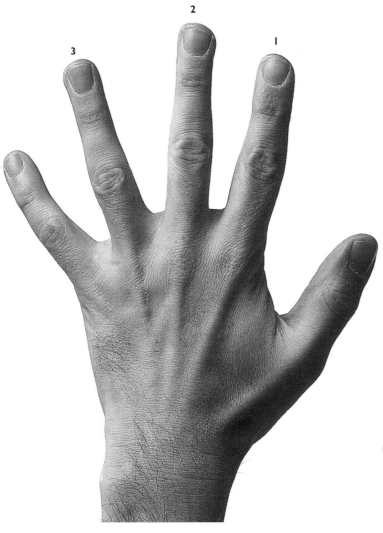

La primera vez que intentes tocar un nuevo acorde puede que te resulte difícil el colocar correctamente los dedos, déjalos que ejerzan la presión por ellos mismos. Si es necesario utiliza tu otra mano para colocar físicamente cada dedo en el lugar correspondiente.

Los dedos de la mano izquierda están numerados según la fotografía 1, 2, 3 y 4.

Intenta mantener la mano izquierda relajada. El pulgar de la mano izquierda debe permanecer vertical en la parte posterior del mástil y entre los dedos 1 y 2.

Una vez que te sientas cómodo sujetando la guitarra prueba a tocar en diferentes posturas para ver cual te resulta más cómoda. Casi todas las posturas concebibles ya han sido utilizadas en algún momento ¡aunque algunas son más difíciles que otras!

## Consejo

Las primeras semanas serán muy duras para tus dedos. ¡No te preocupes! Poco a poco desarrollarás una piel más dura en la yema de tus dedos. ¡Necesitas seguir practicando para asegurarte de que no desaparezcan!

## PUNTO DE CONTROL

### LO QUE HAS APRENDIDO HASTA AHORA:

Ahora sabes cómo:
- Sujetar la guitarra cómodamente.
- Nombrar cada parte de la guitarra.
- Rasgar con los dedos o la plumilla.
- Elegir las cuerdas adecuadas para tu guitarra.

# Afinando tu guitarra

Hay varias formas de afinar tu guitarra – utiliza la que más te guste.

**Utilizando otro instrumento para afinar.**
La forma más sencilla de comprobar que tu guitarra está afinada es que compares con otra persona con una guitarra ya afinada, para igualar las cuerdas de tu guitarra con las del instrumento afinado.

Como alternativa, puedes afinar con un piano o teclado electrónico.

Observa el diagrama inferior para afinar cada cuerda.

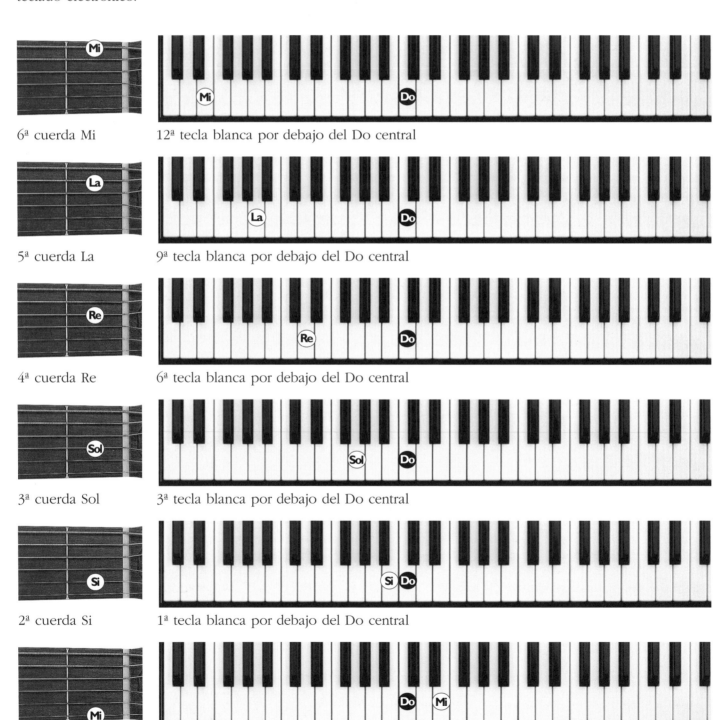

6ª cuerda Mi — 12ª tecla blanca por debajo del Do central

5ª cuerda La — 9ª tecla blanca por debajo del Do central

4ª cuerda Re — 6ª tecla blanca por debajo del Do central

3ª cuerda Sol — 3ª tecla blanca por debajo del Do central

2ª cuerda Si — 1ª tecla blanca por debajo del Do central

1ª cuerda Mi — 2ª nota blanca por encima del Do central

## Consejo

Si no estás seguro de si una nota está por encima o debajo de la nota de adecuada, afloja un poco la cuerda e intenta de nuevo afinarla para llegar a la nota adecuada.

Este es quizás el método más habitual y el que mejor resulta si estás seguro de como afinar correctamente al menos una cuerda. Supongamos que la cuerda más grave (6ª) está afinada. Al ser la más gruesa, comprobarás que no se desafinan tanto como las otras.

Sigue el diagrama de afinación para afinar de la más grave a la más aguda.

Para afinar:

| 6ª y 5ª | 5ª y 4ª | 4ª y 3ª | 3ª y 2ª | 2ª y 1ª |

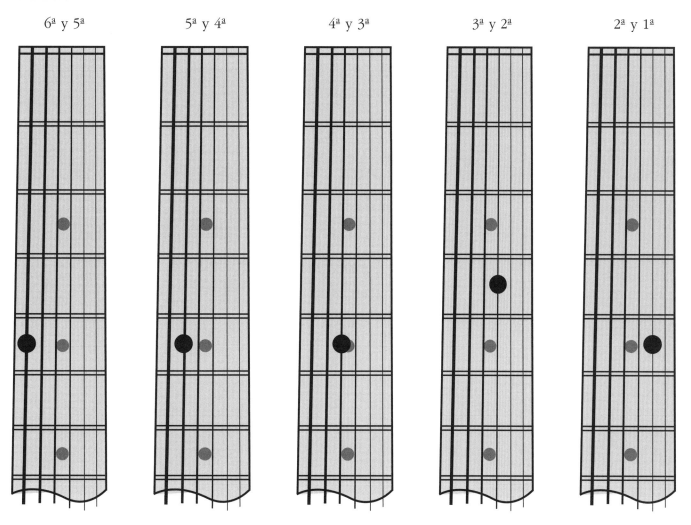

La **pista 1** del CD reproduce la nota para afinar cada una de las cuerdas, comenzando por la más grave (6ª).

## PUNTO DE CONTROL

### LO QUE HAS APRENDIDO HASTA AHORA:

Ahora sabes cómo:
• Afinar la guitarra con un teclado.
• Afinación relativa.
• Asegurarte de estar afinado con otros músicos.

# Tu primer acorde de La

Ahora que has afinado, vamos a tocar algunos acordes. Además de aprender la digitación, vamos a revisar algunos sencillos patrones de rasgado y trabajar todas las ideas en una canción sobre la que puedes tocar.

Compara como es un acorde de La con el diagrama anexo:

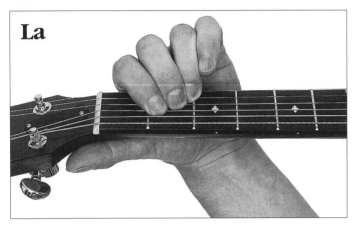

**La**

**1** Los dedos están situados justo detrás del 2º traste. Nunca debes presionar una cuerda con un dedo justo sobre el traste metálico.

**2** Los dedos están arqueados para ajustarse cómodamente unos junto a otros para ocupar el estrecho espacio.

**3** La 6ª cuerda no se toca: la 5ª y 1ª cuerda son abiertas (es decir, al aire como indica el O Del diagrama).

**4** Mantén el meñique alejado del diapasón de forma que no toque la 1ª cuerda.

Ahora rasga todas las cuerdas del acorde - solo hacia abajo al principio.

La **Pista 2** muestra como debe de sonar el acorde de La.

Los acordes para guitarra se representan en un diagrama, donde las seis cuerdas se ven como si estuvieras viendo el mástil de frente con las cuerdas situadas descendiendo por la página. Los números dentro de los círculos te informan de los dedos que debes de utilizar.

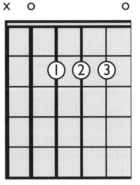

**X** = no tocar la cuerda
**O** = cuerda al aire

## Consejo

Si eres zurdo estos números se quedarán igual, pero el acorde debe situarse invertido.

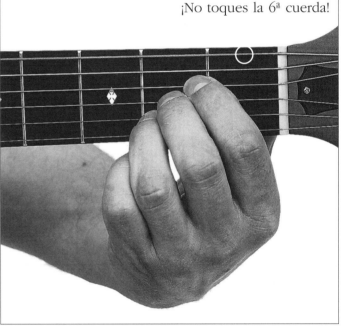

¡No toques la 6ª cuerda!

## Hechos de un acorde de La Mayor:

**1** El nombre completo del acorde de La es La Mayor – más tarde verás otros tipos de acorde de La como los menores y de 7ª.

**2** El acorde de La toma su nombre de su nota más grave – la 5ª cuerda al aire (La).

**3** Al igual que todos los acordes Mayores se caracteriza por un sonido brillante y alegre.

El número del círculo te indica que dedo de la mano izquierda debes de utilizar.

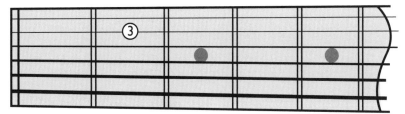

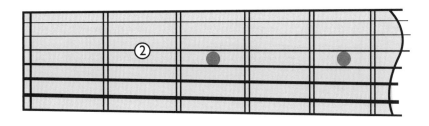

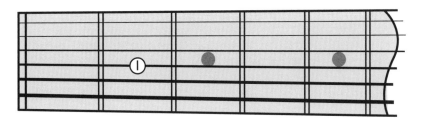

Diseño final del acorde

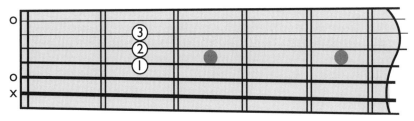

**X** = no toques la cuerda   **O** = cuerda al aire

## Consejo

Asegúrate de que escuchas todas las notas claramente. Primero toca cada nota por separado. Si existe algún zumbido entonces es que algo está mal en la forma en la que estás digitando la nota, o alguno de tus otros dedos está tocando la cuerda adyacente y no la deja vibrar como debiera. Quizás debas de hacer algo más de presión para evitar el zumbido, o si puedes, desplaza el dedo ligeramente más cerca del traste. Prueba hasta que escuches todas las cuerdas del acorde sonando.

# El acorde de Re

Vamos a probar con el acorde de Re. Solo tiene cuatro notas, así que no debes de tocar ni las cuerdas 6ª y 5ª cuerdas (Mi y La).

**Re**

**1** El 1<sup>er</sup> y 2<sup>do</sup> dedos deben evitar tocar la 2ª cuerda (Si) para que todas las cuerdas suenen claramente.

**2** Mantén el meñique alejado del mástil ya que puede perjudicar la postura de la mano.

**3** Toca cada cuerda por separado de la más grave a la más aguda (de la 4ª a la 1ª) y asegúrate de que suenan claramente.

**4** Rasga todas las cuerdas del acorde.

Escucha la **Pista 3** para escuchar como debe de sonar el acorde.

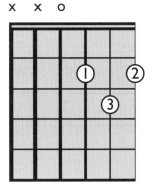

x   x   o

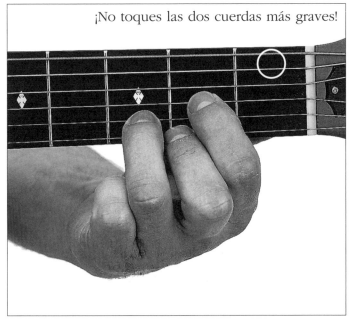

¡No toques las dos cuerdas más graves!

Ya has aprendido dos de los acordes más habituales en la música Pop – La y Re. Estos dos acordes suenan muy bien cuando se toca uno después de otro – encontrarás estos acordes en cientos de canciones clásicas.

## Hechos de Re Mayor:

**1** El acorde de Re Mayor toma su nombre de su nota más grave – la cuarta cuerda al aire (Re)

**2** Re es uno de los acordes favoritos de los guitarristas *Folk* – intenta añadir tu cuarto dedo en el 3ª traste de la 1ª cuerda para componer un acorde de Resus 4, para un clásico sonido *Folk*.

**3** Re y La suenan muy bien cuando se tocan seguidos.

El número que aparece en el círculo te dice que dedo de la mano izquierda tienes que utilizar.

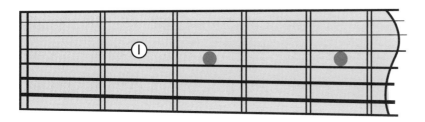

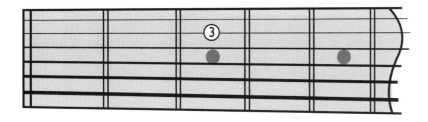

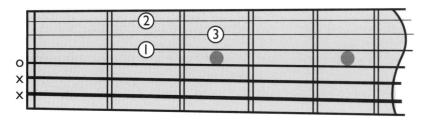

Diseño final del acorde

**X** = no toques la cuerda   **O** = cuerda al aire

No presiones con demasiada fuerza los dedos de la mano izquierda – te sorprenderá la poca presión que debes utilizar para digitar un acorde correctamente. Situar el pulgar cómodamente en la parte posterior del mástil puede ser de gran ayuda.

# El acorde de **Mi**

Este acorde ha inspirado muchos riffs y canciones clásicas y suena muy bien por que puedes tocar las seis cuerdas. Solo debes digitar en tres cuerdas (5ª, 4ª y 3ª):

**Mi**

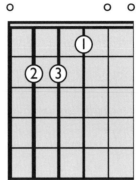

El acorde de Mi tiene un potente sonido ya que se tocan todas las cuerdas, incluyendo la 6ª y 1ª que deben sonar libremente.

Escucha la **Pista 4** para saber como suena.

**1** Aunque el acorde de Mi tiene un diseño relativamente sencillo, ten cuidado de no tocar con tu 3er dedo la 3ª cuerda – esto evitará que suene la nota. Las yemas de tus dedos y las falanges deben de adoptar una posición más vertical sobre las cuerdas para evitarlo.

**2** Relaja el pulgar y arquea la muñeca para tener la mejor postura.

## Hechos de Mi Mayor:

**1** El acorde de Mi es el más lleno de sonido de todos los acordes que has aprendido hasta ahora – por que a diferencia de La o Re, utiliza las seis cuerdas.

**2** La tonalidad de Mi es posiblemente la más habitual para la música de guitarra, por que te permite utilizar la 6ª y 1ª cuerda al aire (Mi).

**3** Una vez que te hayas aprendido el diseño de Mi, intenta añadir el meñique en el 2° traste de la 3ª cuerda para componer el acorde de Misus4.

▼ El clásico "Hey Joe" de Jimi Hendrix se basa en el acorde de Mi.

El número que aparece en el círculo te dice que dedo de la mano izquierda tienes que utilizar.

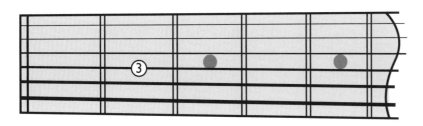

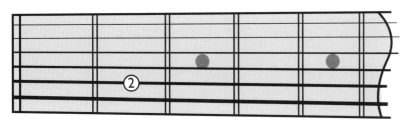

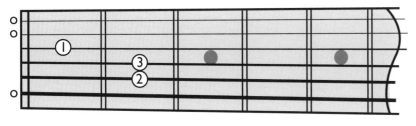

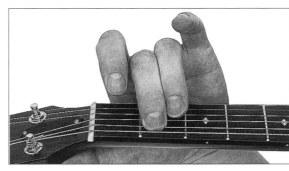

Diseño final del acorde

**X** = no toques la cuerda   **O** = cuerda al aire

## El truco de los tres acordes – La, Re y Mi

Los acordes La, Re y Mi pueden tocarse en casi cualquier secuencia y sonarán bien.

De hecho, muchas canciones del *Rock* clásico pueden ser interpretadas utilizando solo estos tres acordes – escucha "Wild Thing", "Peggy Sue" o casi cualquier tema de *Blues* que escuches utiliza el truco de los tres acordes en acción.

## PUNTO DE CONTROL

### LO QUE HAS APRENDIDO HASTA AHORA:

Ahora sabes cómo:
• Tocar acordes de La, Re y Mi Mayores
• Rasgar acordes de 4, 5 y 6 cuerdas

# ¡Vamos a tocar!

Ahora que conoces los diseños de La, Re y Mi, ¡vamos a tocar un poco!

### Dale ritmo al acorde de La

Regresemos un momento al acorde de La. No importa si utilizas plumilla o no
– pero ¿Puedes rasgar las cuerdas desde la 5ª a la 1ª sin que se produzca ningún zumbido?

### La

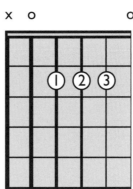

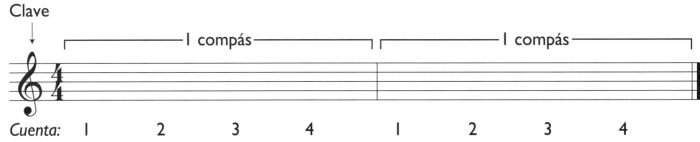

Clave

No te preocupes de la notación musical por ahora – más tarde utilizaremos un sencillo sistema para indicar el ritmo pero por ahora todo lo que necesitas es contar cuatro tiempos por compás, como aparece indicado bajo es pentagrama anterior.

El siguiente ejemplo (ver página 25) ¡te servirá de inicio para el acorde de La!

La **Pista 5** comienza con cuatro clics que te marcan el tempo. La pista es un solo compás que se repite una y otra vez, con el primer tiempo de compás acentuado, o tocado con un mayor volumen, de forma que puedas apreciar el principio de cada compás. Rasga el acorde de La en el primer tiempo de cada compás.

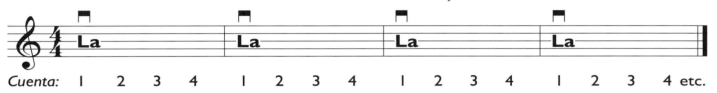

Cuenta:  I  2  3  4  I  2  3  4  I  2  3  4  I  2  3  4 etc.

⊓ = rasgado hacia abajo

A veces ayuda el contar en alto mientras tocas – también puedes golpear el suelo con el pie para llevar el tiempo.

La **Pista 6** te brinda la oportunidad de tocar junto al grupo.

Ahora vamos a tocar el acorde de La dos veces por compás en vez de una. Cuenta cuatro tiempos por compás y rasga el acorde de La cuando cuentes "uno" y "tres".

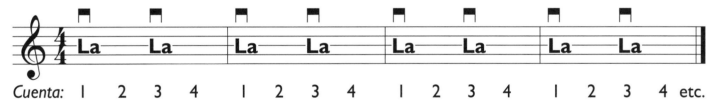

Cuenta:  I  2  3  4  I  2  3  4  I  2  3  4  I  2  3  4 etc.

La **Pista 7** te muestra cómo debe sonar.

La **Pista 8** ¡es la oportunidad para que toques un solo!

Y ahora vamos a rasgar el acorde de La cuatro veces por compás – utiliza el movimiento de hacia abajo cada vez que cuentes un tiempo en cada compás.

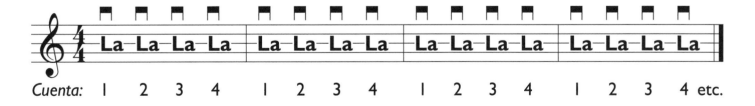

Cuenta:  I  2  3  4  I  2  3  4  I  2  3  4  I  2  3  4 etc.

La **Pista 9** te muestra como rasgar una vez en cada tiempo y

la **Pista 10** es la misma pista, excepto la parte de la guitarra grabada, esta vez sin acentos. Acentúa el primer tiempo de cada compás a la vez que rasgas.

# Rasgado hacia arriba / abajo

El último patrón de rasgueo requiere que ataques las cuerdas en movimientos de arriba hacia abajo. Practica el movimiento como antes con movimientos hacia arriba, y entonces poco a poco intenta atacar las cuerdas cuando asciendas y de nuevo al descender otro ataque en un movimiento hacia arriba.

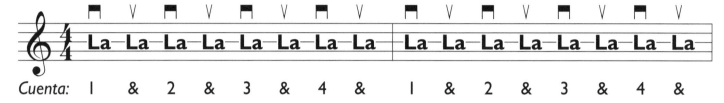

Cuenta:  1  &  2  &  3  &  4  &    1  &  2  &  3  &  4  &

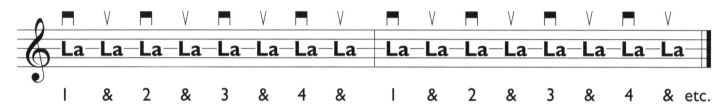

1  &  2  &  3  &  4  &    1  &  2  &  3  &  4  &  etc.

⊓ = rasgado hacia abajo
∨ = rasgado hacia arriba

Los ataques hacia arriba se producen entre cada tiempo de compás: cuenta **1** y **2** y **3** y **4** y en todos los compases – los ataques en movimiento hacia abajo deben coincidir con los números y los movimientos hacia arriba en los "y".

Cuando oigas la **Pista 11**, te resultará obvio lo que está pasando. Sin embargo, continua contando los números mientras rasgas y acentúa el primer tiempo de cada compás.

La **Pista 12** es el acompañamiento tiene el primer tiempo de cada compás acentuado. Escucha el contratiempo de la batería – ese es el sonido que debes seguir – y entonces intenta tocar sobre él.

**1** Intenta encontrar tiempo para practicar todos los días – incluso si solo son 10 minutos. ¡Es mucho mejor practicar todos los días 10 minutos que practicar una vez a la semana durante dos horas!

**2** Identifica los dibujos de los acordes y las técnicas que te resulten más difíciles y practícalas despacio y pensando en lo que haces.

**3** Toca cada cuerda del acorde y asegúrate de que esté resonando antes de rasgarlo.

# Dale ritmo al acorde de **Re**

Ahora que ya conoces el acorde de La, vamos a practicar el rasgado con los acordes de Re y Mi que has aprendido.

**Re**

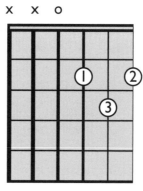

Escucha la **Pista 13** (con cuatro clics de intro) y luego rasga una vez por compás sobre el primer tiempo junto a la **Pista 14**.

| Re | Re | Re | Re |

ı 2 3 4    ı 2 3 4    ı 2 3 4    ı 2 3 4 etc.

La **Pista 15** te muestra como suenan dos rasgados del acorde de Re en los tiempos 1 y 3.

Toca junto a la **Pista 16**.

| Re Re | Re Re | Re Re | Re Re |

ı 2 3 4    ı 2 3 4    ı 2 3 4    ı 2 3 4 etc.

Ahora toca cuatro acordes de Re por compás, utilizando un movimiento de plumilla en cada tiempo de compás.

Escucha la **Pista 17** y escucha como debe de sonar y luego intenta tocar sobre la **Pista 18**.

| Re Re Re Re | Re Re Re Re | Re Re Re Re | Re Re Re Re |

ı 2 3 4    ı 2 3 4    ı 2 3 4    ı 2 3 4 etc.

Escucha la **Pista 19** utiliza movimientos hacia arriba y hacia abajo sin parar.

La **Pista 20** es la pista de acompañamiento con el primer tiempo de cada compás acentuado.

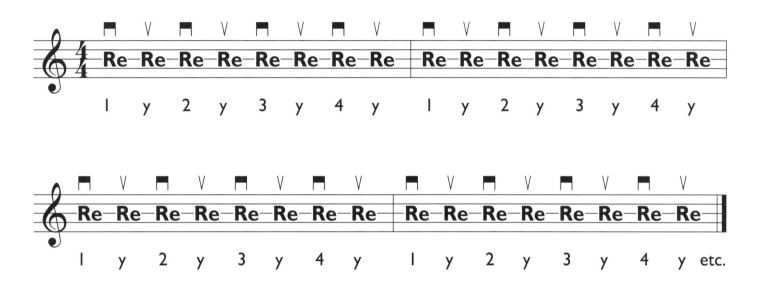

Recuerda que solo tienes que rasgar las cuatro primeras cuerdas para tocar el acorde de Re – las dos cuerdas más graves deben evitarse - ¡No sonará bien si las tocas!

# Dale ritmo al acorde de **Mi**

Aquí tienes los mismos ejercicios con el acorde de Mi.

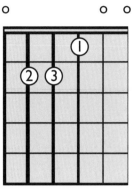

La **Pista 21** te muestra como suena un rasgueado del compás de Mi (recuerda los cuatro clics de intro).

La **Pista 22** es la pista de acompañamiento con el acento en el tiempo 1.

| Mi | Mi | Mi | Mi |
|----|----|----|----|
| 1  2  3  4 | 1  2  3  4 | 1  2  3  4 | 1  2  3  4 etc. |

La **Pista 23** tiene dos rasgados por compás en los tiempos 1 y 3.

La **Pista 24** es la pista de acompañamiento con acentos en los tiempos 1 y 3.

| Mi  Mi | Mi  Mi | Mi  Mi | Mi  Mi |
|--------|--------|--------|--------|
| 1  2  3  4 | 1  2  3  4 | 1  2  3  4 | 1  2  3  4 etc. |

La **Pista 25**, tiene cuatro rasgados del acorde de Mi, uno por cada tiempo de compás, todos en movimientos hacia abajo.

La **Pista 26** es la pista de acompañamiento con acentos en el primer tiempo.

| Mi Mi Mi Mi | Mi Mi Mi Mi | Mi Mi Mi Mi | Mi Mi Mi Mi |
|-------------|-------------|-------------|-------------|
| 1  2  3  4 | 1  2  3  4 | 1  2  3  4 | 1  2  3  4 etc. |

La **Pista 27** utiliza movimientos de hacia abajo y hacia arriba en un ritmo continuo.

La **Pista 28** es la pista de acompañamiento con el primer tiempo de cada compás acentuado.

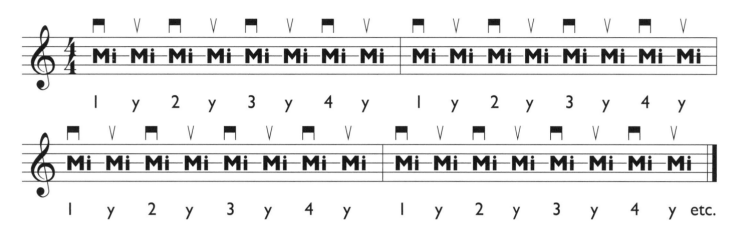

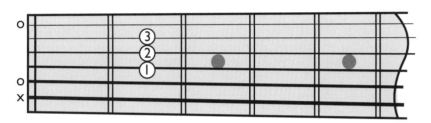

**La**

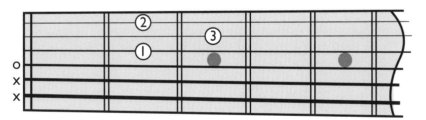

**Re**

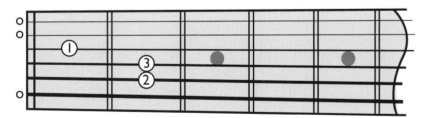

**Mi**

# PUNTO DE CONTROL

## LO QUE HAS APRENDIDO HASTA AHORA:

Ahora sabes cómo:

- Rasgar tres acordes Mayores siguiendo las pistas de acompañamiento y utilizando movimientos alternados.
- Seguir un pentagrama sencillo.

# ¡Cambios de acorde!

Ahora vamos a cambiar de acorde en cada compás.

Para la **Pista 29** vamos a utilizar solo movimientos hacia abajo y tocar un acorde por compás.

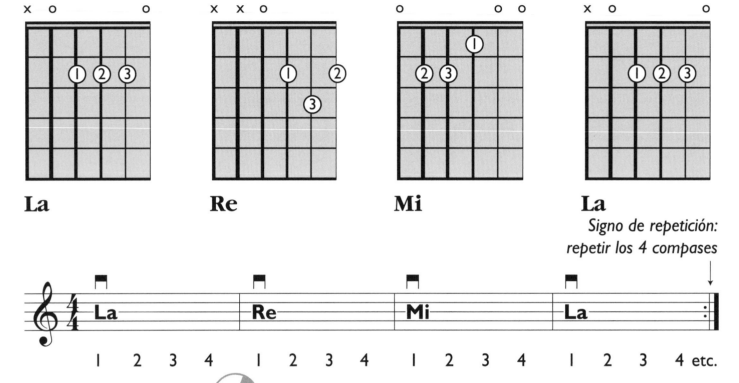

*Signo de repetición: repetir los 4 compases*

Ahora intenta tocar junto a la **Pista 30**. Adelántate y prepárate para tocar el siguiente compás tan pronto como termines el anterior.

Ahora intenta utilizar dos rasgueos por compás, en los tiempos 1 y 2 de cada compás. Esto te deja los tiempos 3 y 4 para cambiar a la siguiente posición.

Una vez que puedas tocar dos rasgueos por compás, intenta tocar tres acordes por compás (en 1, 2 y 3). ¡Esto te deja un tiempo para cambiar el acorde!

Escucha la **Pista 31** para ver como debe sonar

y luego intenta tocar sobre la **Pista 32**.

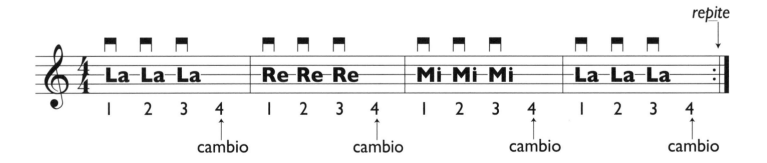

---

### Consejo

Si no puedes cambiar tan rápido al principio, simplemente olvídate de rasgar y cambia al acorde siguiente a tu ritmo hasta que te resulte cómodo.

El siguiente paso es tocar hacia arriba también.

Primero rasga los tiempos 1 y 2 con movimientos alternados y cambia al siguiente acorde durante los tiempos 3 y 4.

Entonces, con la **Pista 32** rasga en los tiempos 1, 2 y 3 y cambia durante el 4.

Por último, rasga alternadamente en los tiempos 1, 2, 3 y 4, cambiando al siguiente compás rápidamente antes del inicio del siguiente compás.

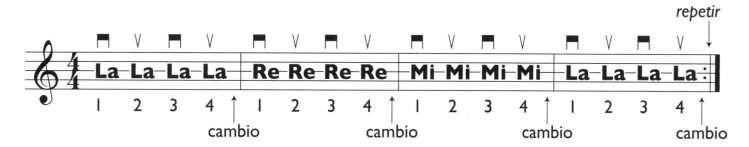

El objetivo es realizar los cambios de acorde tan rápida y suavemente como te resulte posible. Intenta rasgar durante más y más tiempo, dejando menos tiempo para que tu mano izquierda cambie al siguiente acorde.

Escucha la **Pista 33** para ver como debe sonar.

Puede que llegues a rasgar 8 veces en cada compás (4 púa y 4 contrapúa) y entonces deberás cambiar al siguiente acorde entre el último movimiento de contrapúa de un compás y el primer movimiento de púa del siguiente.

La **Pista 34** es la pista de acompañamiento. Un *Crash* (platillo) te indicará el comienzo del patrón de cuatro compases.

# El acorde de Sol

Para tocar la canción que está a continuación deberás conocer dos acordes más, Sol y Do.

**Sol**

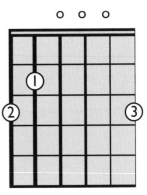

Observa como los dedos 1º y 2º se arquean para pisar las cuerdas y de ésta forma evitar el tocar las cuerdas al aire.

Intenta practicar con el acorde de Sol, y éstos ejercicios. Primero, rasguea el acorde de Sol solo en el primer tiempo de cada compás.

Para ver como suena escucha la **Pista 35**.

Sol        Sol        Sol        Sol

| 2 3 4    | 2 3 4    | 2 3 4    | 2 3 4 etc.

Escucha la **Pista 36** para saber como debe sonar.

La **Pista 37** es la pista de acompañamiento con el primer tiempo de compás acentuado.

El siguiente patrón utiliza el rasgueado alternado – cuenta uniformemente e intenta mantener el brazo que ataca las cuerdas relajado mientras tocas.

### Consejo

Utiliza los mismos patrones de rasgueado que has estado practicando con el acorde de Sol.

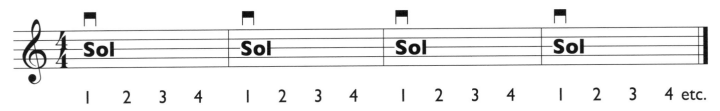

Sol-Sol-Sol-Sol-Sol-Sol-Sol-Sol   Sol-Sol-Sol-Sol-Sol-Sol-Sol-Sol

| y 2 y 3 y 4 y    | y 2 y 3 y 4 y

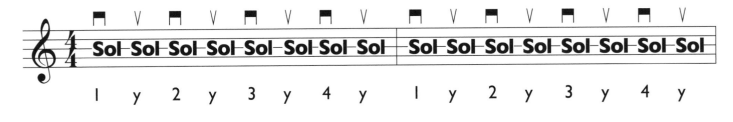

Sol-Sol-Sol-Sol-Sol-Sol-Sol-Sol   Sol-Sol-Sol-Sol-Sol-Sol-Sol-Sol

| y 2 y 3 y 4 y    | y 2 y 3 y 4 y etc.

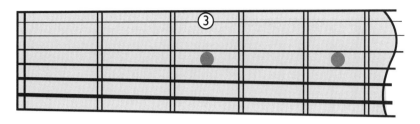

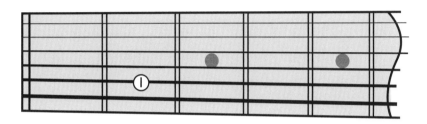

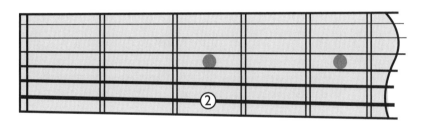

Diseño final del acorde

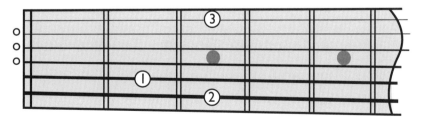

**O** = cuerda al aire

Una vez más, intenta no apagar el sonido de la segunda y cuarta cuerdas o las al aire con los dedos situados en el diapasón.

# El acorde de Do

Este acorde es ligeramente más difícil que los cuatro
que ya has aprendido por que cuenta con una cuerda
al aire en medio de su diseño.

El primer dedo tiene que estar casi vertical para dejar
libre la primera cuerda, asi que asegúrate de que tus
uñas sean lo bastante cortas para presionar sobre la 2ª
cuerda de la forma indicada. Vigila que tu 2º dedo no
toque la tercera cuerda (Sol).

La **Pista 38** muestra como suena - ¡no toques la sexta
cuerda!

Ahora rasguea el acorde ayudado siguiendo el ritmo
de la pista del cd, un rasgueo por compás.

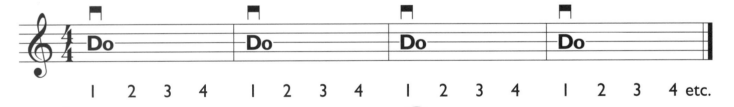

La **Pista 39** muestra como debería de sonar este
ejemplo.

La **Pista 40** es tu oportunidad de practicar tu técnica
de rasgado.

Ahora intenta utilizar movimientos alternados,
acentuando el primer tiempo de cada compás.

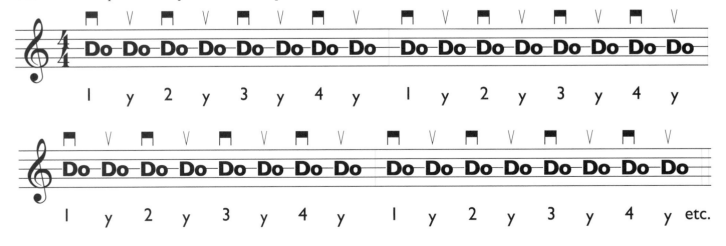

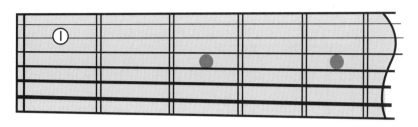

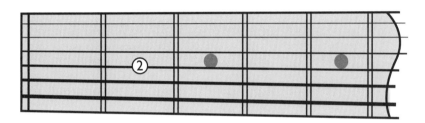

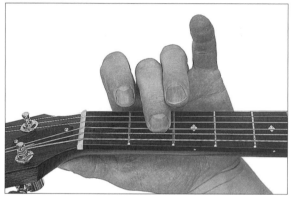

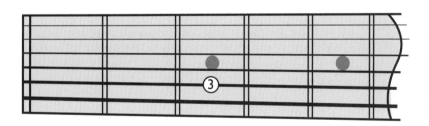

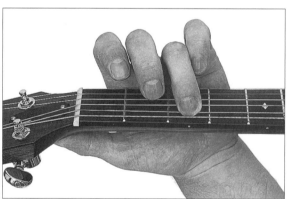

Diseño final del acorde

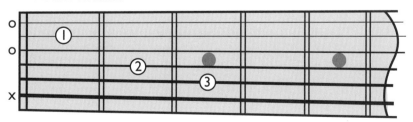

**X** = no toques esa cuerda   **O** = cuerda al aire

Ten cuidado no tocar la tercera cuerda con tu segundo dedo, lo mismo, ocurre con el primer dedo y la primera cuerda.

De nuevo, si consigues que tus dedos se sitúen sobre el diapasón con los ángulos correctos no tendrás ningún problema.

# Tu primera canción

¡Ahora vamos a coger los cinco acordes y tocar una canción!

**La**

**Re**

**Mi**

**Sol**

**Do**

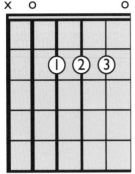

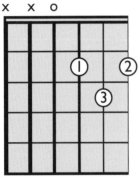

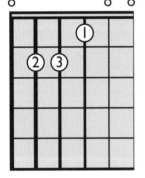

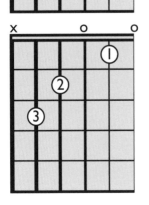

Escucha la **Pista 41** y sigue el ejemplo musical de la página contigua hasta que conozcas todas las secuencias de acordes de la canción.

### Comprendiendo la notación musical

No te asustes por los símbolos musicales que utilizamos en este tema – así es como funcionan:

**1** Toca la intro exactamente igual que como has tocado los otros ejemplos en este libro – cuenta uniformemente y toca los acordes como se indican.

**2** Sigue avanzando hasta llegar al signo :‖ de la parte **solo/melodía** – ese es un signo de repetición que significa que debes regresar a A y tocar esa sección de nuevo.

**3** La segunda vez que la toques, no toques los compases bajo el número uno y ve directamente a los situados en el número dos.

**4** Ignora el signo **To Coda ⊕** y pasa directamente a la siguiente sección – aquí hay otra repetición.

**5** Una vez que has repetido esa secuencia continúa hasta que llegues a la marca **D. 𝄋. al Coda** – esto quiere decir "regresa hasta el signo 𝄋 hasta llegar a la marca **To Coda ⊕**, y entonces pasa a la **Coda**."

**6** Salta hasta la letra A y toca esa sección repetida hasta llegar a la sección **To Coda ⊕**.

**7** Entonces ve hasta **⊕ Coda** y toca toda la sección hasta el final.

Ahora intenta tocar junto a la **Pista 43**.

---

### Consejo

**1** ¡Asegúrate de que los acordes suenan limpios – sin zumbidos!

**2** Toca a tempo, con los acordes sobre el compás. No te preocupes por tocar un ritmo uniforme durante todo el tema. Simplemente siéntete cómodo con los cambios, e introduce más rasgados a medida que obtengas más confianza.

☐ = rasgado hacia abajo
V = rasgado hacia arriba

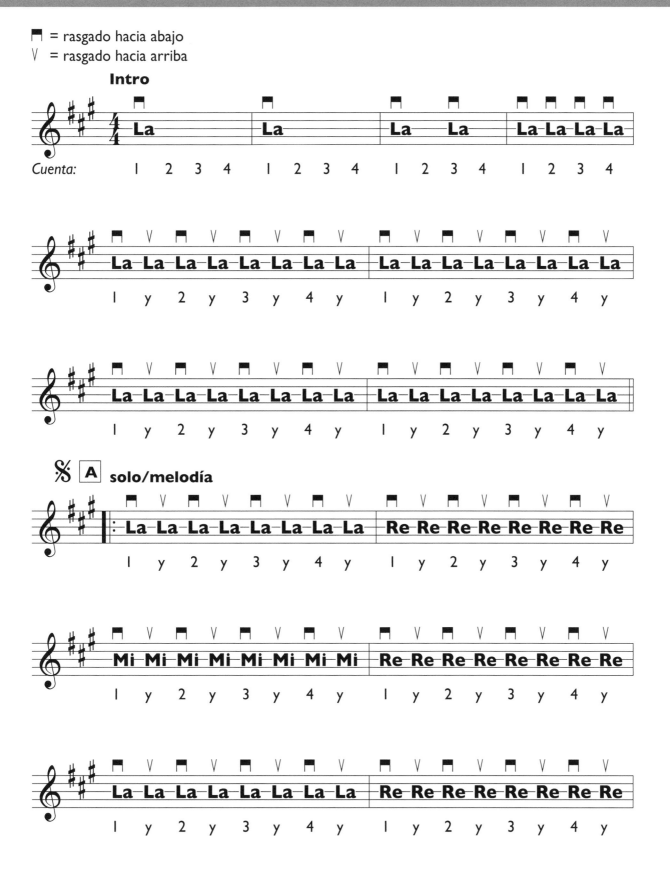

# Changin' Time

Los finales 1 y 2; toca los compases bajo el número '1', y luego regresa a **A**
En la segunda vuelta olvídate de los compases bajo el número '1' y ve directamente
a los situados bajo el número '2'.

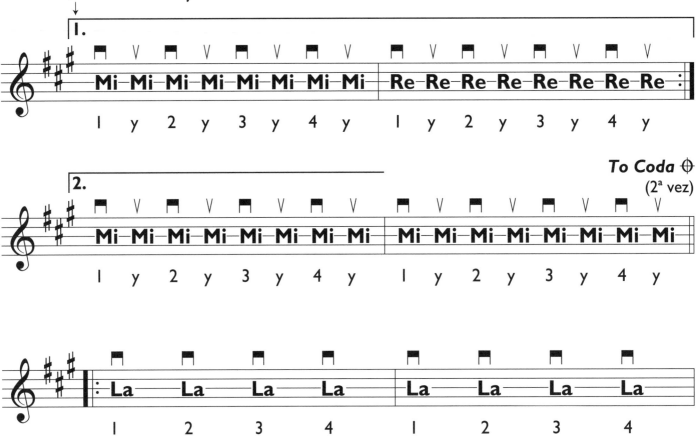

# Changin' Time

Vuelve al signo (𝄋) **A** y toca los finales 1 y 2.
Después, en To Coda ⊕, salta hasta la Coda para acabar la canción.

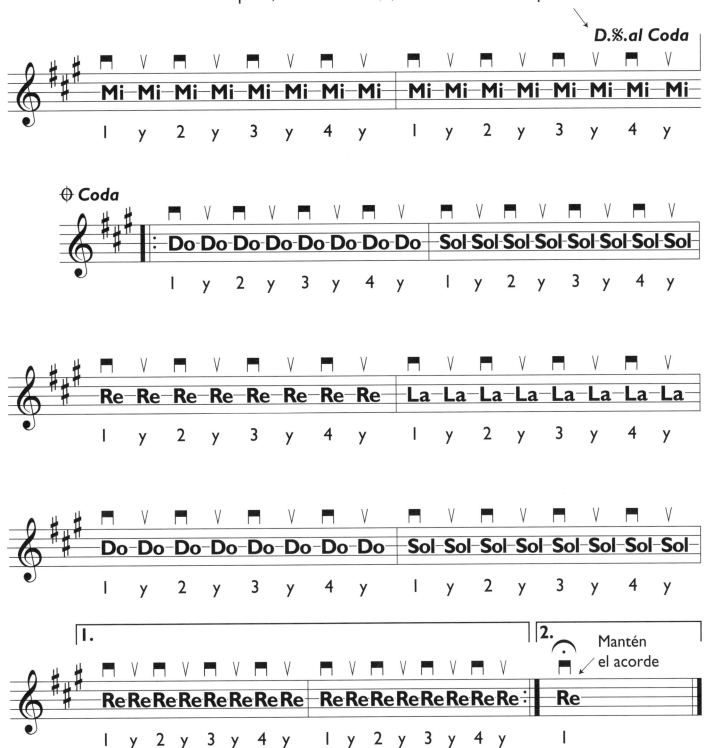

# Algunos otros acordes

Aquí tienes otros diseños de acordes muy básicos.

Recuerda que no todos los acordes utilizan las seis cuerdas - ¡cuidado con las cuerdas que tocas!

### La menor

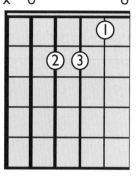

No toques la 6ª cuerda

### Mi menor

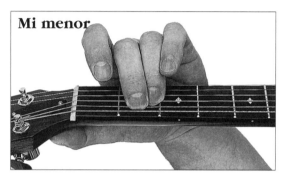

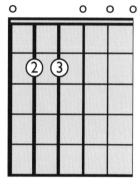

No toques en la 6ª y 5ª cuerda

### Re7

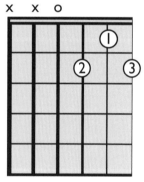

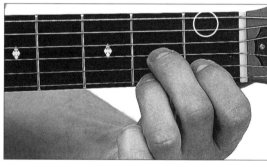

### Mi7

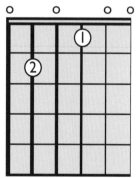

No toques en la 6ª cuerda

### La7

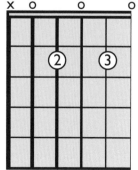

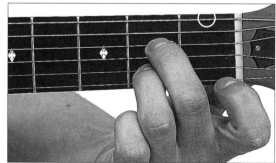

Ahora que ya conoces el mundo de los acordes vamos a acabar con una sencilla melodía que puedes tocar junto a la sección que acabas de aprender.

## Introducción a la tablatura

La mayoría de la música para guitarra utiliza un sistema denominado "tablatura" (TAB) que te dice donde colocar tus dedos cuando tocas las notas de una melodía.

Para tocar la sencilla melodía de la canción vamos a dar un rápido vistazo al sistema de tablatura.

**1** No te fijes por ahora en la notación musical, concéntrate en la información del TAB. Este siempre aparece escrito bajo la melodía de la canción.

**2** Las seis líneas horizontales del TAB representan las seis cuerdas de la guitarra, la línea inferior representa la cuerda más grave (6ª) y la superior la más aguda (1ª).

**3** El número situado sobre estas líneas horizontales indica el traste sobre el que debes colocar el dedo.

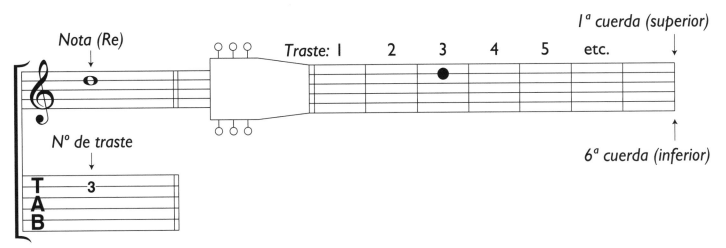

**Consejo**

Las cuerdas al aire son designadas como 0 en la TAB – no debes situar los dedos en ningún traste, solo tocar la cuerda.

En el ejemplo superior, la nota es Re y se encuentra en el 3º traste de la 2ª cuerda. Sitúa el dedo de tu mano izquierda justo detrás del 3er traste de la 2ª cuerda.

# Añadiendo la melodía

Ahora ya estás listo para tocar la melodía sobre "Changin' time". Escucha la **Pista 42** para oír como suena. Practícala realmente despacio al principio, centrándote en contar uniformemente. Una vez que ya tengas confianza en la secuencia de notas, aumenta la velocidad de forma gradual hasta que puedas tocar junto a la **Pista 43**.

No hay melodía en la introducción así que debes medir con cuidado para entrar en el momento adecuado. Escucha la **Pista 42** de nuevo hasta que estés familiarizado con la canción – entonces serás capaz de saber cuando es el momento adecuado para comenzar a tocar la melodía.

Después de que hayas repetido la sección solo/melodía, no hay melodía hasta que llegues a "D.S. al coda", que te hace regresar a la sección marcada con la letra A.

Por último hay una ligera variación en la estructura de la canción, en la Coda, que te lleva hasta el final del tema.

## Contando

Contar es una tarea vital que todos los músicos deben dominar – sobretodo si quieres tocar en un grupo.

En esta canción hay grandes huecos que no hay melodía que tocar – continúa contando 4 tiempos por compás, utiliza el 1 tiempo de cada compás para contar cuantos compases has omitido; por ejemplo:

**1** 2 3 4, **2** 2 3 4, **3** 2 3 4, **4** 2 3 4, etc ...

Entonces estarás listo para el momento en el que debes comenzar a tocar de nuevo.

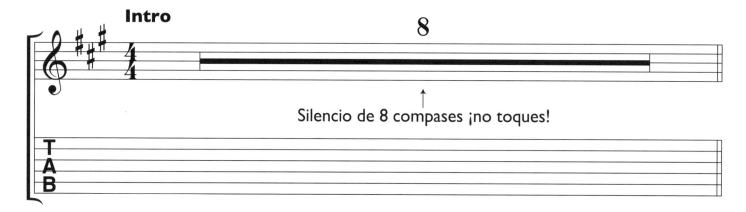

*Los símbolos de los acordes son solo como referencia.*

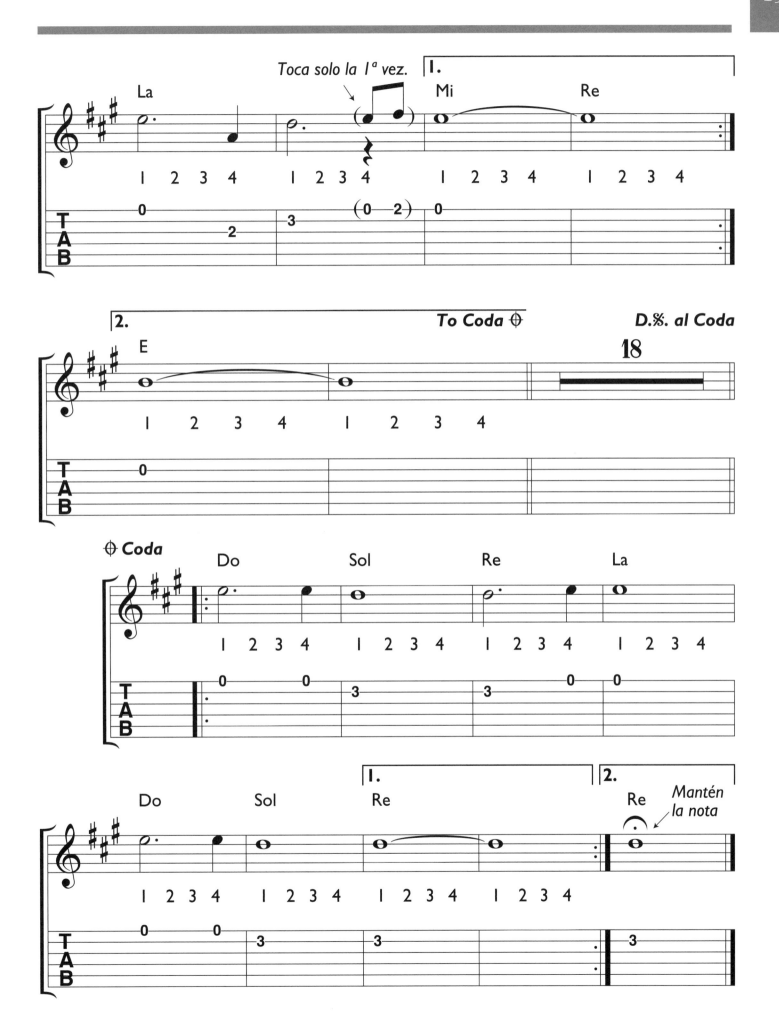

# ¡Felicidades!

Espero que hayas disfrutado este libro y que te sientas inspirado para seguir haciendo música con tu guitarra cualquiera que sea el estilo musical que más te interese. Siéntete libre de preguntar a otros guitarristas sobre su experiencia y técnica – serán capaces de trasmitirte algunos consejos y trucos útiles.

Hasta aquí has aprendido cinco de los más importantes acordes para guitarra, y lo que es más importante has aprendido a cambiar entre ellos, con suavidad.

Has aprendido a rasgar con varios patrones rítmicos, utilizando tanto movimientos alternados y has desarrollado el sentido del ritmo de forma que puedas tocar junto a las pistas de acompañamientos.

Por último, has unido todas estas habilidades y has aprendido una canción al completo, con una melodía solista de la guitarra.

# Canciones clásicas de guitarra

Armado con las habilidades que has aprendido en
este libro, estás preparado para aprender algunas
canciones clásicas. Escucha algunas de las canciones
de la lista inferior y escucha atentamente las partes de
guitarra – la mayoría de ellas cuentan con sencillos
cambios de acordes que están presentes en este libro.

**Don't Look Back In Anger** Oasis
**Everybody Hurts** R.E.M.
**Everything Must Go** Manic Street Preachers

**Hey Joe** Jimi Hendrix
**How Soon Is Now?** The Smiths
**Jumping Jack Flash** The Rolling Stones
**Parklife** Blur
**Smells Like Teen Spirit** Nirvana
**Tears In Heaven** Eric Clapton
**Waterfall** The Stone Roses
**Wild Thing** The Troggs
**Won't Get Fooled Again** The Who
**Yesterday** The Beatles

Eric Clapton

Keith Richard
The Rolling Stones

Peter Buck
REM

Kurt Cobain
Nirvana

Noel Gallagher
Oasis

# PRIMER NIVEL

ESCRITA POR VÍCTOR M. BARBA

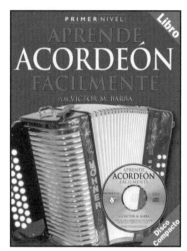

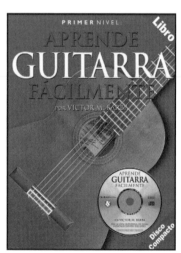